NOTICE

NÉCROLOGIQUE

SUR

J.-B.-P. LABORIE,

Docteur en Médecine de la Faculté de Montpellier ; Membre
Titulaire de la Société de Médecine-Pratique de la même ville ;

Par Pierquin.

———

MONTPELLIER,

De l'Imprimerie de Jean-Martel le Jeune.

1825.

NOTICE

NÉCROLOGIQUE

SUR

J.-B.-P. LABORIE,

Docteur en Médecine de la Faculté de Montpellier ; Membre
titulaire de la Société de Médecine-pratique de la même ville.

Un usage antique et solennel ordonne à ceux que le destin retient encore dans les sentiers épineux de la vie, d'accompagner un ami jusqu'à sa dernière demeure. Qu'importent les préjugés ou les divisions d'opinion, lorsque la morale est essentiellement liée à une institution ! Eh ! quelle serait donc la récompense temporelle du juste ou du coupable, si quelque intérêt combattait ou anéantissait ce devoir sacré ! La reconnaissance ou l'admiration doivent nécessairement accompagner le premier et chanter des hymnes de louange sur son tombeau, tandis que le tribunal vengeur de la conscience a déjà fait justice du coupable, dans le cœur même de ses complices : l'un se cache ; l'autre brille, cherche le grand jour , et mérite d'être connu , autant que l'autre d'être clandestinement enseveli , pour l'honneur de l'humanité. C'est avec ces idées , c'est après avoir réfléchi sur ces devoirs , que je viens acquitter une dette sacrée , contractée par la Société, envers un citoyen qui lui avait déjà donné quelques espérances flatteuses. Je n'ai point cédé à l'espoir d'égaler la dignité de mon sujet ; mais j'ai senti toute la nécessité d'encourager l'homme de bien par un hommage public , si j'obtiens un moment de recueillement pour rappeler rapidement les vertus confirmées et les talens naissans d'un ami , d'un condisciple, d'un confrère et d'un collègue. N'est-ce pas ainsi qu'on fait espérer à ceux qui suivent la carrière des Lettres , qu'un jour leurs travaux seront aussi récompensés , s'ils sont utiles à la patrie , que leur mémoire sera révérée, et que leur nom servira peut-être d'épithète pour désigner à l'enthousiasme de l'admiration les qualités morales qui les auront distingués? Mais, ce n'est point un éloge que le devoir m'ordonne de faire ; mon ami n'en a pas besoin , mon cœur s'y refuserait , et votre présence religieuse parle mieux en sa faveur que ne le ferait le panégyriste le plus éloquent. C'est la vérité tout entière que je veux dire, parce qu'il l'aima trop et qu'il n'a rien à en craindre. Ce n'est point de l'intérêt que je veux vous inspirer, votre âme

est assez ébranlée par l'idée de sa mort, et votre
cœur est trop vivement touché de l'horreur de
cette fin commune, quoique l'homme juste,
loin d'y voir un abîme, n'y reconnaisse qu'un asyle.
Mais détournons vos tristes pensers de ce spec-
tacle, si accablant pour notre vanité, et jetons
quelques fleurs sur le tombeau de notre ami.

Une espèce d'hérédité morale avait lié depuis
des siècles le nom de Laborie à celui de médecin, c'est-à-dire, de bienfaiteur de l'humanité.
L'histoire de la médecine à Montpellier, en
présente une liste avec quelque orgueil; et cette
collection précieuse de savans dont notre École
s'honore, compte son aïeul au nombre de ces
Professeurs, dont l'art a conservé les traits aux
yeux avides de la reconnaissance. Voilà le patri-
moine de notre jeune médecin. Mais l'infortuné
Laborie était assez libre de préjugés, pour ne
point voir son mérite dans celui de ses aïeux :
il n'y vit qu'une série d'exemples, et son unique ambition fut de suivre leurs traces ; car sa
vocation n'était nullement douteuse, ses ancê-
tres la lui indiquaient, et la reconnaissance
même lui en faisait une loi.

Né vers le commencement de notre révolu-
tion, il fut, par conséquent, assez heureux
pour n'être que le témoin inattentif de la tour-
mente révolutionnaire ; c'est, entouré de dan-
gers, aux bords des précipices, qu'il vit s'écouler

ses premières années. Plus tard, l'étude occupait déjà les heures des plaisirs de l'enfance, et le suffrage unanime des ses maîtres en fut la première et la plus douce récompense. Mais les triomphes de l'enfance ne sont pas toujours des ôtages pour l'avenir. Ce caractère bon, généreux, dévoué, compatissant, serviable du premier âge, n'est pas toujours le partage d'un âge plus avancé. Le jeune Scipion, seul peut-être, en avait conservé toutes les vertus et n'y avait ajouté qu'un plus grand amour pour le travail. A l'âge des passions, il n'en eut jamais que deux, l'étude et l'amitié. Ceux qui l'ont connu savent avec quelles raisons nous le présenterions comme modèle à imiter ! Son ardeur était infatigable : il ne se délassait que par une nouvelle occupation d'une occupation fatigante, et faisait ainsi succéder les travaux sévères aux délassemens agréables, Toutes ses idées étaient dirigées vers l'utilité ; il regardait comme vaine la gloire que procurent des travaux futiles. Né avec un esprit juste et philosophique, il avait deviné de quel secours devait être l'étude de la poésie pour le médecin qui veut se faire un nom dans la république des lettres. Il devinait même que les plus grands médecins ont été poètes ; plus tard, il reconnut la vérité de ces pressentimens, lorsqu'il vit briller en même temps à Delphes et à Épidaure, les noms célèbres d'Asclépiade, de Nicandre , de Celse , de Baillou ; de Sennert, de Fracastor , de Haller , d'Armstrong , de Darwin , de Petit , de Corvisart , etc., et il marcha sur leurs traces. De semblables modèles promettaient trop pour ne point espérer beaucoup et pour ne pas l'encourager : il cultiva donc cet art si fertile en naufrages.

Son porte-feuille contient une foule de poésies fugitives , qui prouvent à la fois , l'extrême sensibilité dont la nature l'avait doué , et la finesse de son goût. Il composa aussi quelques tragédies , dont la faiblesse même annonce à l'observateur judicieux la douceur de son caractère. Il était en effet impossible qu'à l'âge où l'on ne connaît point toutes les dégradations du cœur humain et que l'on craint de le calomnier, qu'un jeune homme , qui ne cherchait que de douces émotions , représentât avec quelque vigueur , ces passions tumultueuses , apanage exclusif de la Tragédie. Lui qui ne s'occupait que de l'étude d'une Science utile , comment aurait-il peint les remords d'un Attila , ou les hauts faits de ces fléaux du genre humain qu'on nomme Conquérans ! La Comédie lui eût peut-être offert une carrière plus conforme à ses mœurs ; mais il ne sut pas démêler le genre qui lui convenait. Les pièces à caractère sont peut-être des tragédies d'un ordre moins élevé , mais qui réclament aussi une connaissance approfondie du cœur humain. Cependant il l'essaya, et obtint même quelques succès.

Il abandonna heureusement cette carrière si fertile en Aristarques et si dénuée de Mécènes ; et ses études ne furent plus dirigées que vers les sciences exactes, si intimement liées à la médecine. Ses condisciples partageaient le jugement que ses amis portaient sur le résultat de son application ; mais sa structure physique arrachait souvent des conseils que sa passion pour l'étude faisait négliger. Chacun de nous en entrevoyait avec horreur les résultats nécessaires ; et une première hémorragie pulmonaire survenue en 1817, ne le corrigea point. Passionné pour celle qui devait l'enlever à la science et à ses amis, il disait avec Grétry, j'aime mieux cesser de vivre que cesser de travailler. Cet orage s'évanouit enfin, le calme de la sérénité rentra dans son cœur, et il reprit ses anciennes habitudes.

L'heure de prouver l'emploi de cinq années d'études est arrivé : il ne trahit, ni l'espoir de ses condisciples, ni l'attente de ses maîtres. Il présenta une volumineuse Dissertation, sur un accident terrible qui complique souvent les blessures les plus légères, et contre lequel l'art n'offre, dans la plupart des cas, que d'impuissans secours. C'est cette Dissertation, d'une érudition sévère et choisie, que nous osons présenter aux élèves comme un but à atteindre, et aux médecins comme un sujet important de méditations pratiques; c'est une Monographie remarquable ; c'est une mine inépuisable de faits intéressans sur le Tétanos vulnéraire. La perfection de cet ouvrage dans toutes ses parties, nous empêche de donner un degré de supériorité à aucune. En effet, il est difficile d'indiquer quelle est celle qui fut la plus soignée ou qui est la plus importante, n'importe le point de vue sous lequel on veuille l'envisager. Partout règne cette Philosophie sage, qui est le caractère distinctif de notre école et du Père de la médecine, dont elle n'a jamais abandonné les traces ; de cette méthode analytique, si féconde en résultats thérapeutiques heureux; de cette doctrine lumineuse, mais difficile, des élémens, si négligée et si utile dans l'exercice de l'art de guérir. Le même éclectisme, la même philosophie des sciences se fait remarquer dans la partie la plus importante de tout ouvrage, dans celle qui est consacrée à l'exposition des moyens thérapeutiques. Il y discute, mais avec bonne foi et lumières, les différens moyens proposés, soit par la thérapeutique chirurgicale, soit par la thérapeutique médicale; et l'on peut dire qu'il a jeté le plus grand jour sur chacune de ces parties.

Le jeune Laborie n'aspirait point au titre devenu si commun, de Docteur en Médecine; il ne voyait, comme un petit nombre de ses amis, dans cette conquête scientifique, qu'un acte probatoire exigé par le gouvernement; et l'homme vertueux, le citoyen paisible, se soumit à la rigueur de cette loi, qu'on ne regarde plus généralement, que comme le terme des travaux et des études. Il se rappela que le titre de médecin n'honorait plus, mais qu'il fallait, pour lui rendre sa splendeur première, l'entourer d'une auréole de mérites. Il affecta le même mépris pour les titres académiques; il le poussait même si loin, qu'il ne croyait pas que l'on pût impunément être membre d'une foule de sociétés de Province, dont on ne connaît l'existence modeste que par leur nom : aussi n'en demanda-t-il qu'un, ce fut celui de membre de la seule Société de médecine que possède sa ville natale, et afin de s'associer à ses glorieux travaux. Cette même Société le compta bientôt au rang de ses membres les plus infatigables. Admis à l'unanimité des suffrages, il ne vit dans cette preuve d'estime non équivoque, qu'un encouragement. Il travailla encore avec plus d'ardeur, et crut qu'on pouvait être bon médecin, sans perdre deux années dans la Métropole: il employa ce temps inutile et même dangereux pour tant d'autres, à étudier nos auteurs anciens.

D'un commerce aimable, d'une franchise assez rare dans des climats brûlans, sa modestie le plaçait au-dessous de ceux auxquels il était supérieur. Il savait trop pour ne pas savoir qu'il ignorait davantage ; et peu semblable à ces hommes d'un abord âpre et sévère, dont la conversation sentencieuse et vide semble être le type du ridicule, il consultait souvent ses amis sur ce qu'il avait fait et sur ce qu'il devait faire.

En France on néglige assez généralement l'étude de la langue et de la littérature des Étrangers : chez les autres Nations, elle fait partie intégrante, je dirai plus, elle constitue les élémens d'une bonne éducation. Le jeune Laborie connaissait parfaitement celle de l'Italie : enthousiaste de celles de l'Espagne et du Portugal, qui sont peut-être les moins connues et les plus dignes de l'être, nos conversations devaient tomber souvent sur ce sujet ; mais l'infortuné Laborie finissait par ne voir, dans la littérature proprement dite, que ce qu'il appelait une vaine gloire. Tel est le dégoût ordinaire à ceux qui après avoir joui quelque temps du commerce des Muses, s'occupent de sciences exactes ou de travaux plus utiles : et loin du point de départ, de Melendez ou de Marchena, nous tombions sur Heredia ou sur Solano. Je piquai son désir si irascible, lorsqu'il s'agissait d'instruction ; et il étudia cette langue sonore née sur des lèvres orgueilleuses, que Charlequint voulait parler aux Dieux. Ses progrès furent aussi rapides que ceux qui avaient couronné toutes ses entreprises. Piquer, dont le mérite extraordinaire en médecine-pratique avait souvent été l'objet de nos entretiens, fut celui qu'il choisit, et il se mit sans relâche à en faire une traduction. Lorsqu'elle fut terminée, son amitié et sa confiance me permirent d'en admirer la fidélité et l'élégance ; mais sa modestie, sa timidité naturelles exigèrent de nombreux encouragemens, des prières même pour la livrer à l'impression. Enfin, en 1822 il la publia, après l'avoir encore revue et fidèlement comparée à l'original espagnol.

Ce travail pénible n'était pas le seul auquel le jeune Laborie se fût livré depuis son doctorat. Comme son père, comme son grand-père, comme son aïeul, il voulait se destiner à la carrière pénible, mais honorable de l'instruction publique ; et, dans ce but, ses loisirs avaient été consacrés à l'édification d'un Cours de Physiologie. Il obtint bientôt de la Commission d'Instruction publique l'autorisation de professer, et le nombre de ses auditeurs fut le plus bel éloge qu'on pût faire de la précision, de la diction et de la philosophie, dont il éclairait ce que des myopes ont nommé le *Roman de la Médecine*. Les prolégomènes seuls de ce Cours auraient excité dans tout autre un vif sentiment d'orgueil ; mais comme il n'était point au-dessous de son sujet, il ne sentit même pas tout le mérite qu'il y avait à donner une analyse raisonnée des *Nouveaux Élémens de la Science de l'Homme*. Il s'arrêta à l'exposition physiologique des phénomènes de la vie intérieure ou organique. L'attention et la reconnaissance de ses auditeurs fut encore une amorce perfide à son désir d'être utile et d'enseigner ce qu'il savait. Il recommença ses leçons dans le premier trimestre de 1823 : c'est dans ce Cours, que s'élevant encore plus haut, il fit entendre à ses auditeurs le langage de la vraie physiologie, c'est-à-dire, de celle de l'immortel Barthez. Je ne me permettrai aucun jugement sur ce travail, il a été publié en partie dans le journal de la Société ; il en a par conséquent été jugé digne.

Ces divers travaux, joints à la fatigue que le professorat imprime journellement aux organes pulmonaires, ne faisaient qu'exalter cette disposition à une affection longue et cruelle qu'on pourrait nommer la *Maladie des gens d'esprit*, et dont les ravages deviennent journellement plus fréquens chez la nation la plus spirituelle de l'Europe. Bientôt le jeune Laborie éprouva plusieurs hémorragies pulmonaires successives, et il rendit à Dieu l'âme qu'il en avait reçue, après avoir accueilli avec fermeté et résignation les consolations si nécessaires et si précieuses des ministres de la vraie religion.

Dissertation sur le Tétanos Traumatique; in-8.°, Montpellier, 1820.

Les Pronostics d'Hippocrate, commentés par A. Piquer, d'après les observations pratiques des auteurs tant anciens que modernes. Ouvrage traduit de l'Espagnol et augmenté d'une Notice Biographique. Paris, 1822, in-8.°

Éclaircissemens analytiques sur la Doctrine physiologique de Barthez. *Ad calcem*. Nouvelles Annales cliniques de la Société de Médecine-pratique de Montpellier; cahier de septembre et octobre 1822, pag. 3 et suiv.

La mort de ce jeune Médecin a plongé dans la plus profonde affliction une famille nombreuse dont il était l'unique rejeton mâle , et qui a fait placer sur ses froides dépouilles l'inscription suivante, que j'ai faite pour honorer sa mémoire.

D. M.

PRAECOCIVS HIC QVIESCIT

I. B. P. LABORIE DoctVs ΦΙΛΙΑΤΡΟΣ

QVI SEMPER LABORAVIT

V. D. B. V. AN. XXVI.

F. XXIII K. NOV.

ORB. PAR.

H. M. P P.

Deo Maximo. Præcocius hic quiescit J. B. P. Laborie, doctus studiosus medicinæ qui semper laboravit, omnibus virtutibus deditus , benè vixit annos viginti sex. Defunctus vigesimo tertio novembris kalendis M. D. CCC. XXIII. Orbati parentes hoc monumentum posuére.

A Dieu Très-Grand. Ici repose le précoce J. B. P. Laborie , ami studieux et savant de l'art de guérir, qui ne se reposa jamais. Il cultiva toutes les vertus. et vécut honorablement pendant vingt-six ans. Il mourut le vingt-trois novembre 1823. Ses parens, qui ont la douleur d'en être privés , lui ont fait élever ce monument.